Tom de Toys

N U L L
N E R D

NATÜRLICHE
NONDUALITÄT

Hrsg. G&GN-Institut
© POEMiE™

DER AUTOR *(www.TomDeToys.de)*

Tom de Toys wurde am 24.1.1968 in Jülich geboren. Bekannt wurde er als Lyrikperformer in den 90er Jahren des 20.Jahrhunderts. Schon seit einer mystischen Erfahrung am 5.5.1989 vertritt er die neuroatheistische Lebensphilosophie des **Lochismus**. In seiner essayistischen **Antiprosa** umkreist er die "letzten" Fragen nach dem Ich, Gott und dem Sinn des Lebens. Seine **Direkte Dichtung** beschreibt ekstatische Erkenntnisse im Zustand totaler Gegenwart. Nach 14 Jahren Berlin lebt er seit 2012 in Düsseldorf-Eller Süd.

DAS BUCH "NULL NERD" *(www.NullNerd.de)*

Parallel zur der transreligiösen Poesie entstanden im Laufe der Jahre immer wieder Essays zu seinem Hauptthema, der Frage danach, was das Bewußtsein und das Sein an sich eigentlich für **das sich von innen fühlende Subjekt** sind. Aus einer nondualen Mystik entwickelt De Toys dabei als Essenz seines "perinzendentalen" Existenzgefühls den Begriff der "Grundlosen Inwesenheit", die den Dualismus aus Anwesenheit/Abwesenheit in einem transspirituellen Spürsinn überwindet. Einige der hier versammelten Essays und Gedichte erschienen 2014-2016 im Magazin CONNECTION SPIRIT sowie als Gastautorenbeiträge für die LIGA DER LEEREN (LDL).

ORIGINALAUSGABE 2017

9 783744 896689

© Herstellung und Verlag: BoD –
Books on Demand, Norderstedt

"Man ist nicht, wie Eltern und Lehrer einem weismachen wollen, ein bloßer Fremdling im Weltsystem, sondern gleichsam das Ende einer Nervenfaser, durch welches das Universum sich selbst betrachtet. Aus diesem Grund hat beinahe jeder Mensch tief im Inneren ein unbestimmtes Ewigkeitsgefühl. Wenige haben den Mut, sich dazu zu bekennen, denn das würde auf den Glauben hinauslaufen, daß man selbst Gott sei."

Alan Watts, in: ZEIT ZU LEBEN (1972)

"Auch heute noch blickt der Realist nur nach außen und ist sich nicht bewußt, ein Spiegel zu sein. Auch heute noch blickt der Idealist nur in den Spiegel und kehrt der realen Außenwelt den Rücken zu. Die Blickrichtung beider verhindert sie zu sehen, daß der Spiegel eine nicht spiegelnde Rückseite hat, eine Seite, die ihn in eine Reihe mit den realen Dingen stellt, die er spiegelt: Der physiologische Apparat, dessen Leistung im Erkennen der wirklichen Welt besteht, ist nicht weniger wirklich als sie."

Konrad Lorenz, in: DIE RÜCKSEITE DES SPIEGELS (1973)

"ALLES was Du tust, ist absolut WAHR, denn Du bist wirklich DA. Es gibt kein spirituelles Geheimnis (das "Das"-Objekt) hinter der Welt. Die Welt ist UNENDLICH! DAS IST die Null. Wir spüren sie JETZT. Jetzt ist immer. Immer jetzt. Wacher als wach geht nicht :-) Jede Zelle ist ABSOLUTES SEIN. Jede Bewegung TOTAL REAL. Alles IST nondual!"

Pier+Pia Zellin, in: NULLYOGA (2015)

INHALT

(Orthografische Eigenwilligkeiten sind beabsichtigt.
Die Rechtschreibreform bleibt teilweise unbeachtet.)

A) ESSAYS + MANIFEST

B) LYRIK

01) **21.6.1989:** <u>KONTAKT</u>

02) **28.10.1991:** <u>ZER</u>

03) **12.12.1991:** <u>ZEN</u>

04) **14.+16.3.1993:** <u>MYSTISCHES WAGNIS</u>

05) **20.7.1993:** <u>100% DA</u>

06) **3./4.7.1998:** <u>ÜBERDU</u>

07) **24.-28.12.2004:** <u>ZUR OFFENEN MITTE</u>
(1.TRANSRELIGIÖSES GEBET FÜR DAS 23. JHD.)

08) **9./10.4.2005:** <u>ÜBERGRÖßE</u>

09) **13.5.2014:** <u>NEUROSCHA(U)M</u>

10) **15.6.2014:** <u>NEUROGERMANISTIK</u>

11) **18.6.2014:** <u>(FAVO)RITENBOYKOTT</u>
(AUFWACHEN IN DER BILDUNGSLÜCKE)

12) **29.8.2014:** <u>GEBEET</u>

13) **1.10.2014:** <u>ÜBERSCHUßß</u>

14) **29.10.2014:** <u>HEILIGER BLÖFF</u>

15) **14.11.2014:** <u>JENSEITS DER EINSAMKEIT</u>
(WEDER HABEN NOCH SEIN)

16) **19.1.2015:** <u>MYSTISCHE MECHANIK</u>

17) **20.5.2016:** <u>IDENTITAT</u>

18) **10.10.2016:** <u>ALL-EIN-SEIN</u>
(BOHROUTSYNDROM)

GOTT & GEHIRN

Ich kann das volumen meines gehirns und die räumliche ausdehnung meines gesamten körpers durch die nach innen gerichteten augen wahrnehmen und die ovale form meiner augen und deren bewegung in ihren schädelhöhlen spüren, als wäre mein bewußtsein in einen humanoiden roboter verpflanzt worden, dessen technik nun von meinem gesamt-ich erkundet wird. Die augen sehen sich dabei als DAS SEHENDE ICH und das gehirn denkt sich als DAS DENKENDE ICH. Es gibt keine identität außerhalb all dieser sinnlichen ichs und im tod werden die einzelnen ichs ihre allmähliche zersetzung erleben. Der kleine zeh wird sein erkalten empfinden, die blutbahn wird ihren eigenen stillstand bemerken, die lungen das ineinanderfallen der flügel, das herz seinen ausbleibenden schlag und das gehirn seine sich auflösenden gedanken. Ich wünsche mir, daß ich den abschied des körpers von sich selbst sehr bewußt miterleben darf und die vernichtung des ichs als allmähliche auflösung der selbstwahrnehmung begreifen kann. Den finalen moment des tatsächlichen todes stelle ich mir als gleichzeitiges verschwinden der identität vor, so daß es in dieser sekunde kein ich mehr gibt, das seinen eigenen tod nachvollziehen könnte. Das bewußtsein der zellen verteilt sich dann wieder auf das bewußtlose dahinströmen der einzelnen elemente, so wie das universum anscheinend noch nichts von seiner eigenen existenz zu wissen vermag, wenn die gehirne zerfallen, die sich als bestandteil des universums entdecken. Vielleicht wäre es eine erleichterung und erlösung, wenn das universum urplötzlich erwachen würde und mit seiner kosmischen stimme den menschen anspräche: *"ICH BIN DAS UNIVERSUM – WAS MACHEN WIR JETZT?"*, aber womöglich verhindert sein eigenes unendlichsein die option, sich seiner selbst bewußt zu werden, da ein bewußtes ich die begrenzung auf einen klar definierten räumlichen körper voraussetzt anstatt einen unendlichen raum, der nur aus gigantischer leere mit ein paar auskondensierten felsbrocken besteht. Hätte das universum ein ich, daß sich trotz seiner unendlichkeit im bewußtsein der menschen bemerkbar machen könnte, wäre es vielleicht der ersatz für den fehlenden gott, der von vielen so sehnlichst herbeigebetet wird, aber sich noch nie als das höhere wesen gezeigt hat, das durch alles hindurch weht und dabei darüber steht. Egal, wie sich ein gott bisher bemerkbar gemacht hat, es war nie der gott selber sondern nur eine art karneval, eine menschliche maskerade, ein spiel mit den formen, die wir wahrnehmen können. Das formlose gesicht der unendlichkeit selber lässt sich nur von innen ertasten, sobald das bewußtsein des menschen sich selbst als dieselbe materie begreift, die es da draußen bestaunt, also sich selber als unendlich erkennt und dadurch zu der stimme des universums mutiert. Das gehirn eines menschen verwandelt sich durch seine eigene wahrnehmung als kosmischer staub in ein sprachrohr des universums – das ich des gehirns ist nicht länger ein zwanghaftes festhalten an sich als identität, sondern nur mehr die fähigkeit der materie, ihr eigenes sprachloses vorhandensein zu bemerken und gegenüber sich selbst zu artikulieren. Gehirne kommunizieren miteinander, indem sie sich gegenseitig bemerken und immer wieder bestätigen: *"WIR SIND DA!"* Das universum bestätigt sich selbst seine eigene existenz, indem es in form von gehirnen mit sich selbst kommuniziert. Das universum ist sogesehen autistisch, es hat gar keine andere wahl. Es sei denn, es wäre nicht wirklich unendlich, sondern hätte ein nachbaruniversum, mit dem es sich austauschen könnte: *"HEY, ALLES KLAR, NACHBAR? WIE GROß BIST DENN DU? IST HINTER DIR NOCH EIN UNIVERSUM ODER SIND WIR DIE EINZIGEN BEIDEN?"* Die direkte nachbarschaft des paralleluniversums, das nahtlose nebeneinander, das drängeln und quetschen im unendlichen, der versuch, miteinander zu sprechen, obwohl keine organe zur bildung von sprache vorhanden sind, nur die sterne und galaxien, die spiralarme und gasnebel, das licht der sonnen, die dunkelheit der schwarzen löcher – genügen die kosmischen objekte als sprachorgane, sprechen sie miteinander, ohne daß wir es ahnen? Redet das universum womöglich pausenlos mit sich selbst? Ist jedes atom im tiefsten inneren seiner selbst bewußt, ohne daß wir es hören? Müßten wir die geheime gebärdensprache des universums erst lernen, um uns selber zu hören, die moleküle unserer eigenen gehirne beim sprechen mit nachbarmolekülen, die leere zwischen den einzelnen elementen, wie sie über sich selbst referiert: *"ICH BIN DIESE LEERE ZWISCHEN DEN ATOMEN UND IN DEREN TIEFSTEN INNERSTEN NICHTEXISTENZ!"* und die atome, wie sie sich gegenseitig im chor antworten: *"WIR SIND DIE MATERIE, AUS DENEN DAS UNIVERSUM BESTEHT! WIR SIND DAS UNIVERSUM!"* Wäre der mensch endlich glücklich? Hätte er den verlorenen gott hintenrum wiedergefunden? Könnte er überhaupt das universum als gott akzeptieren? Wären wir dazu bereit? Wären wir fähig, dem universum als gott zuzuhören und seine stimme als göttlich zu interpretieren? Oder wären wir einfach nur überfordert, geschockt und enttäuscht, weil es dann zu trivial wäre? Wenn das universum ganz laut und deutlich feststellen könnte: *"ES GIBT KEINEN GOTT AUßERHALB MEINER EIGENEN UNENDLICHKEIT!"*, wären wir zu dieser banalen erkenntnis bereit? Oder benötigt der mensch ein geheimnis, ein grundsätzliches, ewiges "hinter den dingen", ganz gleich, wie weit wir schon hinter das hinterste hintertürchen vorgedrungen sind? Aber wieso gibt es dann doch immer schon einzelne menschen, die dazu bereit sind, sich allen illusionen zu entsagen und der schockierenden wahrheit die stirn zu bieten? Ja, die sich sogar darauf freuen, "das letzte geheimnis" zu lüften und endlich den klaren blick hinter die kosmischen kulissen zu wagen! Wieso gibt es sie, diese verführer, banausen und ketzer, die nichts weiter zu bieten haben, als die stupide erkenntnis, daß es nichts weiter erkennbares gibt außer der selbsterkenntnis? Aber hat sich ein gottsuchender mensch, der die enttarnung seines glaubens als des kaisers neue kleider fürchtet, jemals wirklich bemüht, seine SELBSTERKENNTNIS zu zelebrieren? Haben wir uns eigentlich beigebracht, wie sich die selbsterkenntnis anfühlt, die so groß und so tief ist, daß sie sich selbst als die göttliche unendlichkeit wahrnimmt? Haben wir unseren kindern überhaupt eine ahnung davon vermittelt, was sie erwartet, wenn sie NICHT mathe und deutsch pauken, sondern sich fragen, warum sie "da" sind und was dieses "da" eigentlich ist? NEIN! HABEN WIR NICHT! GANZ IM GEGENTEIL! WIR UNTERDRÜCKEN

DIE KOSMISCHE SELBSTERKENNTNIS DES MENSCHEN MIT ALLEN MITTELN, WEIL WIR SELBST ANGST VOR DER WAHRHEIT HABEN! WIR SIND KLEINE SCHISSER UND VERTUSCHEN DAS GEGENÜBER DEN NEUGEBORENEN! Es bedarf einer gnade und eines glücks, wenn wir als einzelne aus dieser metaphysischen superhypnose aufwachen und den kollektiven tiefschlaf bemerken, von dem wir umgeben sind, der sich in hektischer geschäftigkeit zeigt und in ablenkungen, die so geschickt und elegant wirken, daß wir ihnen ganz fasziniert ausgeliefert sind, weil wir dazugehören wollen, mitspielen wollen, nicht ausgestoßen sein wollen. Wir trauen uns kaum, unser alleinsein zu spüren, wir plappern und konsumieren und zeigen uns stolz, wie wir uns plappernd und konsumierend über wasser halten, während die mangelnde selbsterkenntnis verdurstet: in der wüste ertrinkt! Wir sind die weltbesten in der verdrängung und schreien im inneren lautlos gegen die lüge an! Weil wir so laufen gelernt haben von kindesbeinen an! SETZ EINEN SCHRITT VOR DEN ANDEREN UND FRAG NICHT NACH, WAS EIN "BEIN" IST. Warum hat ein vogel denn flügel, aber ein mensch nur zwei beine, mit denen er nicht fliegen kann? Aber warum, fragt der vogel, habe ich nur meine flügel und diese idiotischen krallen? Ich würde so gerne auf zwei beinen laufen und hätte dazu gerne zwei arme und hände, um flugzeuge zu bauen, dann könnte ich alles! DER MENSCH HAT SICH NOCH GAR NICHT ENTDECKT, ER IST BETÄUBT VON DER ANGST VOR DEM UNIVERSUM UND ERFORSCHT DIE UNENDLICHKEIT NUR IN DER HOFFNUNG, DEN GOTT HINTER DEN STERNEN DOCH IRGENDWANN ANZUTREFFEN. Aber was wäre, wenn gott wirklich erschiene? Als unvorstellbar fantastisches wesen, das alle erwartungen von allen religionen erfüllt und zu uns spräche wie eine art überpräsident: *"Meine verehrten damen und herren, mein name ist gott. Ich bin gekommen, um..."* BUH! BUUUH! BUUUUUUUH! Nein, würde die masse dann grölen, du kannst nicht DER gott sein, auf den wir seit abertausenden jahren sehnsüchtigst warten, du bist zu trivial, zu konkret, zu geheimnislos, zu direkt, zu greifbar, zu echt, zu normal. Also ein bißchen hokuspokus muß immer sein. Weil wir die ankunft des gottes nicht wirklich trainiert haben, wir sind einfach schlecht vorbereitet, die heiligen hausaufgaben noch nicht gemacht, zu viel mathe und deutsch gepaukt, darüber vergessen, die SELBSTERKENNTNIS DER UNENDLICHKEIT zu trainieren. Aber nur übung macht meister. Wollen wir MEISTER sein? Wollen wir wirklich nicht nur im fußball sondern im universum meister sein? Wollen wir meister in der erkenntnis des universums sein? In der erkenntnis, daß unser gehirn aus demselben stoff wie das universum gemacht ist? Daß wir das universum DURCH UNS erkennen können? Daß wir sogar so überheblich und größenwahnsinnig werden können, den spieß einfach umzudrehen und zu behaupten, das universum erkenne sich DURCH UNS? Haben wir denn den mut dazu, wenn das bedeutet, im selben atemzug das universum als göttlich anzuerkennen anstatt einen gott hinter der unendlichkeit zu suchen? Oder sind wir die schreienden kleinkinder, die einen fußball zur ablenkung benötigen, ein bordell, ein kasino, ein kino, eine familie, ein haus, einen job und eine lebensversicherung? Haben wir all diese dinge nur aus diesem einzigen grund: damit wir nicht merken, daß alles ein ende hat und wir nur teil der unendlichen leere sind, die sich MATERIE nennt und wie diese krabbelviecher der schizophrenen unter der haut juckt? Ja, die unendlichkeit juckt uns im geiste, aber wir wissen nicht, wo wir uns kratZEN sollen! Wir müssen die stelle in unserem bewußtsein erst finden, wo sich DAS GANZE überhaupt denken lässt! All die verrosteten vorhängeschlösser an den massiven holztüren, die wir seit vielen jahrhunderten zwischen den neuronalen zentren verschlossen hielten. Und die futuristischen schweren tresortüren mit digitalen zahlenschlössern, die noch hinzukamen, seitdem wir modern wurden. Wir haben unser bewußtsein perfekt vor der unendlichkeit abgeschottet und spielen hinter verschlossenen türen katz und maus! DAS NENNT SICH KULTUR! ZIVILISATION UND FORTSCHRITT! Aber es kommt eines tages der tag, der kein tag wie die anderen ist: weder die hölle noch paradies, sondern die ERDE. Erst dann, wenn wir nicht mehr den planeten in panik verbauen sondern aus reinstem gewissen innehalten, uns einander anschauen und mit einem lächeln begrüßen: *"WILLKOMMEN IM GANZEN, WIR SIND DAS UNIVERSUM!"*, hat die menschheit ihr kosmisches ziel erreicht, sich als das sprachrohr des universums zu würdigen, sich vor sich selbst zu verneigen wie früher vor gott und sich gemeinsam als eine familie mit dem nachnamen "mensch" um die gesundheit des ganzen zu kümmern, das wir durch uns zu seiner selbstbewußtheit gebracht haben. In dieser zeitlosen sekunde werden die galaxien stillstehen, kein stern wird verbrennen, die meteoriten halten auf ihrer flugbahn inne, das ganze universum hält seinen atem an, um einen gigantischen seufzer der erleichterung wie ein gebet auszustoßen! Zumindest in dieser nutzlosen vision, die ich nun hier von drei bis fünf uhr morgens niederschrieb, weil ich aus irgendeinem sofort wieder vergessenen traum mitten in der nacht aufwachte und von hunger getrieben eine fertiglasagne in die mikrowelle schob und dazu cola-banane trank und das leben liebte, weil ich als halbtagskünstler sogar halbnachtskünstler sein kann, wenn es denn sein muß. Und anscheinend mußte das gerade jetzt sein, auch wenn ich noch nicht ganz verstehe, wozu es im grunde gut ist, wie das ja häufig bei solchen visionen ist: du fühlst dich zwar selbst in dem "zustand" so überklar und erkenntnisreich wie es in inspirierten momenten halt ist, aber der nutzen der kreativen ergebnisse bleibt manchmal jahrhunderte lang ein einziges großes fragezeichen, während wir blöden, überwältigten visionäre schon längst wieder zu staub zerfallen sind, womit wir dann gleich wieder beim anfang des textes wären...

SPIRITUELLE DEMENZ – DAS GEHEIMNISLOSE GEHEIMNIS

Ich will ja nicht übertreiben, aber im grunde fing alles schon irgendwie vorher an. Ob ich es hätte verhindern können, ist mir bis heute nicht klar, aber das würde nichts ändern. Die geschichte lässt sich nicht rückgängig machen, ich HABE diese geschichte, ich BIN das ergebnis der verkettung aller ereignisse. Jetzt stehe ich da mit mir selbst und dem fragezeichen im kopf: was ist der nächste schritt? Oder ist etwa der glaube an "schritte" bereits ein bestandteil der lüge? Ist dieses voranschreiten ein selbstläufer, der nicht wirklich beeinflussbar seinen eigenen weg geht und nur nachträglich als LEBEN erkannt wird? Dann gibt es mich überhaupt nicht. **Mein ich existiert nur als wort wie ein sammelbegriff für das gewesene und das vielleicht kommende. Aber jetzt, JETZT ist nur dieser atem, der atmet, und dieser hunger, der nahrung aufnimmt. Mehr passiert eigentlich nicht.** Zwischendurch eine müdigkeit, die sich ausruht, und ein bedürfnis, das die toilette verrichtet. Das ich treibt von augenblick zu augenblick und versucht, das ticken der zeit zu überhören, das unüberhörbar den platz seiner identität eingenommen hat. Jeder luftzug erscheint mir als eingefrorener ozean, meine bewußtheit schneidet den wind in das gerade und gleich. Und dazwischen bewegt sich mein alter, beseelter körper, ohne sich als person zu empfinden. Das leben ist einfach in ein kostüm geschlüpft und hat diese rolle namens "mensch" auswendig gelernt. Keine besonders günstige voraussetzung, um ernsthaft zu bleiben. Ich vermisse den regisseur wirklich nicht im geringsten, aber ich würde den plot gerne verstehen: wozu ist das alles gut? Macht es sinn? Gibt es eine versteckte logik im ganzen? Ist es egal, was ich tue? Hat irgendwas eine bedeutung, die tiefer und weiter reicht als die sache selbst? Ich bezweifel es, denn ich verspüre das seltsame gefühl, daß das gesamte geschehen nur in sich selbst ruht und absolut keiner kontrolle von außen folgt. Jeder ist lediglich das, was er tatsächlich ist. **Alle bewegen sich irgendwie auf dem spielfeld, die regeln ergeben sich durch den spontanen verlauf. Keiner hat das dahin plätschernde spiel erfunden, jeder spielt einfach nur mit. Auch die verweigerung ist eine figur mit einem bestimmten wert. Den wert null gibt es nicht. Wer geboren wurde, muß sterben. Dazwischen passiert leben. Das DASEIN.** In städten. In bergen. An flüssen. Am strand. Auf dem land. Und zu wasser. Der ozean teilt die landmasse in kontinente. Der regen teilt die kontinente in klimazonen. Die klimazonen teilen die menschheit in sonnenanbeter und langschläfer. Wir führen unzählige kriege, wir vereinbaren frieden. Wir warten. Wir tun. Wir warten wieder. Wir tun etwas anderes. Wir überraschen uns. Und wir langweilen uns. Wenn ich nur einen einzigen nachbarn wie einen verwandten behandeln könnte, hätte ich schon das gefühl, daß wir als menschheit eine familie wären. Aber die meisten sind leider noch immer so eins mit der rolle, die ihnen das leben aufzwang, daß kein platz im bewußtsein für freie, total offene nähe, für echte begegnung vorhanden ist. Die paar wenigen hirnprozente, die überhaupt zum überleben benutzt werden, sind restlos mit der reality show ausgelastet. Die frage nach sinn oder dem ganzen ist tabuisiert und das spektakel der normalität hat die gesamte wahrnehmung hypnotisiert. Und TOTALELEKTRISIERT. **Ich vermisse die menschen, deren subtile seelen nicht vom gemurmel der religionen absorbiert sind. Die menschen, deren privat subversive sehnsucht nicht von den angeboten der unterhaltungsindustrie assimiliert ist. Ja, jene, die sich nicht mit dem produzieren und konsumieren zufrieden geben sondern die globale zwanghaftigkeit überwinden und geistig im niemandsland des boykotts ihrer herzen auftauchen. Das niemandsland der verweigerer und versager. Der spirituellen anarchisten.** Der menschen, die nicht mehr falsch spielen wollen. Die nicht mehr die kostbare lebenszeit mit den modernen beschäftigungstherapien verschwenden wollen. Die innehalten und stehenbleiben. Die sich ihre augen ausreiben und wundern, warum dieser quatsch immer weiter und weiter läuft wie das debile programm auf allen kanälen im fernsehen. Die wirklichkeit ist eine billige serie mit laiendarstellern, die noch vor ausbildungsende vor laufende kameras gezerrt werden und eins a funktionieren müssen. Vom präsidenten bis zum praktikanten sind alle nur funktionäre. So funktioniert die gesellschaft. So funktioniert die verdrängung. **Wer aus dem konsumkoma aufwachen will, spürt den perversen druck des kollektivs. Wer die verbotene SINNFRAGE stellt, wird zum geächteten außenseiter. Die angst vor der leere, vor einsamkeit und der damit einhergehenden langeweile verhindert das grübeln. Wer laut grübelt, macht sich verdächtig, wird abgestempelt als spaßverderber.** Manch einer heult abends zwar klammheimlich ins kopfkissen, doch quälen sich alle frühmorgens zur arbeit und funktionieren perfekt als kollegen. Wie lange soll dieser gigantische blöff eigentlich dauern? Beziehungsweise: wie lange darf er noch andauern, bevor plötzlich auf offener straße geheult wird? Demenz und depressionen bestimmen den alltag, doch hofft jeder, zumindest noch vorläufig verschont davon zu bleiben, um sauber und stark in den hafen der rente einzuschiffen. DURCHHALTEN heißt die morbide parole, obwohl nichts zum halten zu sehen ist. Unter den füßen nur bodenloser abgrund, die wände zu allen seiten aus pappe, die türen nur willkürlich in die landschaft drapiert, um das gefühl zu vermitteln, die räume von einem event zur nächsten sensation zu wechseln. Tapeten und zierpflanzen zur abwechslung, doch hält diese täuschung der betäubten sinne nicht lange vor. Tief im inneren ahnt jeder den fake, doch die rituale zur vertuschung sind gut einstudiert. Jeder hält durch, jeder hält sich an einer imaginären leitplanke fest, greift durch die leere und sucht irgendwo trost. **Die gesamte struktur des spektakels der welt ist ein unendlicher hohlraum, das universum ist gar nichts dagegen! Wer heute schon aufwacht, wird einsamer als Friedrich Nietzsche. Die sogenannte "brave new world" von Aldous Huxley ist eine lustige kindersendung gemessen am realen status quo. Aber es muß ja irgendwie weitergehen, also wird alles gedeckelt und einige zocken die anderen ab.** Ich könnte schreien! Den ganzen tag! Und die ganze nacht! Ich könnte verzweifeln vor lauter ohnmacht. Ich könnte ein buch schreiben. Verändern kann ich allerdings nichts. Es ist mein eigenes pech, völlig ratlos zu sein. Meine ratlosigkeit ist vielleicht ein noch nicht ausgeschöpftes potenzial, denn ich bin höchstwahrscheinlich in guter gesellschaft damit. **Es ist eine ratlosigkeit oder hilflosigkeit, die selbstverständlich aus dem unkontrollierbaren jetzt folgt, das von meinem bewußtsein überhand nahm.** Seitdem ich das ticken der zeit wie in zeitlupe höre, ist alles anders. Ich gehe MIT MIR durch die gegend, ich rede DURCH MICH zu den mitmenschen, ich treffe entscheidungen FÜR MICH wie für einen fremden, weil ich mir fremd geworden bin. Nicht nur mir selbst gegenüber sondern auch gegenüber den anderen menschen empfinde ich diese existenzielle fremdheit, als wären wir roboter, die von einer nichtexistenten schaltzentrale aus ferngesteuert sind. Ich beobachte die meinungen und die entscheidungen, die ich automatisch treffe, genau so wie ich die sätze vollautomatisch aufschreibe und dort pause mache, wo kein denken den nächsten satz denkt. Ich schreibe, solange das schreiben durch mich hindurch schreibt, und bleibe im schweigen, solange die stille andauert. **In mir ist ein zentrum, das keinerlei wände und keinerlei fenster hat. Es ist gleichzeitig komplett isoliert und dabei doch ein zu allen seiten geöffneter bereich, der von leere durchflutet scheint. Diese flut ist ein reißender strom ohne wasser, ein ausgetrocknetes flussbett mit ohrenbetäubendem rauschen der trockenheit. Ich kann dieses zentrum nicht sehen, nicht fühlen, nicht denken, erstrecht nicht betreten. Und doch wohne ich in seiner mitte. Es scheint eine art tempel zu sein, der sich durch nichtsein charakterisiert.** Es geht ein neutrales, eisiges schweigen von dieser zentrale aus, eine dunkelheit, die kein wort für die schwärze kennt, weil das schwarz, das wir kennen, vergleichsweise farbig ist. Aber das schwarz, das dort wohnt, in der mitte der wahrnehmung, ist wesentlich schwärzer als schwarz. Es ist irgendwie gänzlich farblos schwarz, in einer intensität, die man auch blendend weiß nennen könnte. Wie soll man ein zentrum beschreiben, das nicht existiert? Das sich nur als eine lücke im ganzen system darstellt? Sich zwischen den einzelnen informationen als übergreifendes informationsloch bemerkbar macht? Als ich zum ersten mal auf dieses eigentlich inhaltslose geheimnis stieß, war ich so jung und so unwissend, daß ich mich fast schon als krank und gestört empfand, derlei seltsamen wahrnehmungen ausgesetzt zu sein. **Mir war zu jenem zeitpunkt noch nicht bewußt, daß ich an eine grenze gestoßen war, die in JEDEM bewußtsein schlummert. Das überschreiten der grenze ist in der gut funktionierenden gesellschaft ein blinder fleck auf der landkarte. Es gibt weder sachdienliche literatur noch eine salonfähige disziplin, die sich damit professionell auseinandersetzt, ohne das thema psychiatrisch zu stigmatisieren. Man hat es daher einfach den religionsstiftern, esoterikern und mystikern überlassen, darüber poetisch zu diskutieren. Und stempelt dabei die poesie als nur schöngeistige, nicht diskussionswürdige fantasie ab.** An universitäten wird jeder hinweis auf das geheimnis vermieden, damit das normale auswendiglernen von unterrichtsstoff ohne gefahr für das bewußtsein gewährleistet bleibt. In öffentlichen ämtern jongliert man lediglich mit unendlichen zahlenkombinationen, ohne den unwert, die bedeutungslose bedeutung der zahllosen zahl NULL laut und deutlich auszusprechen und ins öffentliche bewußtsein zu integrieren. Denn was sollte man AUSSPRECHEN, wo wörter nicht gelten? Mit offenen mündern der sprachlosigkeit ausgeliefert, lässt sich kein amt produktiv führen. Das mystische wird darum noch immer in seine eigene sonderdisziplin "mystik" verbannt, ein paar auserwählte dürfen darüber mit offenen mündern unter sich diskutieren. Das STAUNEN bleibt ein spezialgebiet und die "erfahrbare spiritualität" eine unkonventionelle randerscheinung, während die religionen das staunen stellvertretend für die massen übernehmen, damit deren münder geschlossen bleiben. **Ich frage mich, wann wohl der erste mensch eine wirklich mystische erfahrung machte, die nicht mehr von magischen ritualen und mythischen symbolisierungen in ein religiöses konsumprodukt umgewandelt wurde, sondern dem wachen, ja überwachen bewußtsein in der schockierenden originalität zur verfügung stand, die sie als nicht reduktionistisch rationalisierbares antiobjekt kennzeichnet. Erfahrungen finden auf einer biochemischen basis statt, aber die inhalte des mystisch erfahrbaren gehen über das biochemische weit hinaus.** Das ist dasselbe wie mit der quantenphysik, denn die existenz einer ebene der materie, die für den verstand paradox anmutet, macht diese ebene weder durch einen wohlklingenden namen erklärbar noch verklärt sie das paradoxon durch mystifizierung. Ob man das unterste, innerste, tiefste geheimnis des seins als ein energiefeld, als leere oder als gott bezeichnet, kann nichts daran ändern, daß es als namenlose qualität ohne eigenschaft SELBSTERFAHRBAR ist, weil das gehirn aus derselben materie besteht, die wir nach ihrem geheimnis befragen. Und darum hat jeder mensch seinen eigenen direkten zugang zur "letzten" antwort auf die allerletzten fragen, sofern er sich traut, diese fragen zu stellen, anstatt sich mit voreiligen lösungen für sein problem, das eigentlich gar keins ist, von der lösungsgesellschaft einlullen zu lassen. Aber ich will ja nicht übertreiben, denn im grunde fing alles schon irgendwie vorher an...

NAMENFINDUNG & NAMENFREIHEIT
(GEGEN DIE IDENTIFIKATIONSNEUROSE)

Ich habe ein neues, merkwürdiges problem mit der welt: ich kann mich mit nichts mehr identifizieren. Ich habe wohlgemerkt kein problem mit dem leben an sich, ganz im gegenteil: mein problem mit der welt begann erst dadurch, daß ich anfing, mich ganz und gar von innen zu spüren, wo niemand mehr wohnt, keine person und kein wahres selbst. Mit dieser ***selbstbefreiten seinsfühlung*** begann das desaster. Ich kann mich nun mit nichts identifizieren, weil ich nichts brauche, um mich identisch zu fühlen mit irgendwas, als ob ich erst dann existent wäre, wenn mich ein nennbares objekt auszeichnet. Ich brauche kein kennzeichen, kein persönliches erkennungszeichen, kein externes objekt, dem ich mein ich ansehe. **Ich weiß, daß ich da bin, weil ich es spüre, ebenso wie alles andere ebenfalls da ist. Nichts (miß)braucht sich mehr gegenseitig als beweis für die eigene existenz, alles ruht in sich selbst ohne selbst.** Das ist anscheinend die schlechteste voraussetzung, um im gesellschaftsspiel mitzuspielen, denn die wichtigste, ja, die einzige regel, die diese welt beherrscht, lautet *"IDENTIFIZIER DICH!"* im sinne von: infizier dich mit irgendwas! Jeder normale erwachsene identifiziert sich mit seinem namen, seinem beruf und seinen hobbys. Er ist durch die erziehung, die eltern und schulen, total infiziert von dem ***identifikationsvirus***. Wenn jemand dich fragt, was du machst, fragt er dich automatisch, wer du bist. Würdest du antworten, *"nichts"*, wäre das gleichbedeutend damit, daß es dich nicht gibt. Machen bedeutet zu sein, sein ohne zu machen, ist undenkbar, unvorstellbar. Und genau das ist mir widerfahren: ich tue nichts mehr, um zu sein. Das undenkbare hat mein denken erobert, das unvorstellbare hat sich eingestellt. **Ich BIN endlich, ohne mich als etwas ausweisen zu können. Ich spüre mich in meiner anwesenheit, ohne dafür etwas zu tun. Ich ruhe tatsächlich in mir, indem ich atme und meine gliedmaßen bewege. Ich spüre all meine sinne. Ich empfinde den körper als existent, ohne sagen zu können, was existenz ist. Existenz IST einfach, sie spürt sich selbst, sie ist ihr selbstbeweis!** Jedes atom IST einfach atom, jeder mensch IST einfach mensch, jede galaxie IST einfach galaxie. Alles hat mehr oder weniger selbstbewußtsein als das, was es ist. Nur der mensch hat irgendwann angefangen, das pure gewahrsein seiner existenz nicht mehr zu ertragen, sondern mit allen möglichen attributen auszuschmücken, um sich namen zu geben. Die namenfindung als waffe gegen die große namenlosigkeit des seins an sich. Alles erhielt einen namen, sogar das sein selber: gott, energie, licht, nichts, alles. Die ***unerträglichkeit der namenlosigkeit*** führte zum zustand der welt, wie wir sie heute erleben: ein einziges identifikationsspektakel! Wer in diesem spektakel zu seiner innersten, tiefenentspannten namenlosigkeit aufwacht, sieht sich umgeben von einer fast unentrinnbaren, zwanghaft manischen hektik, die alles beim namen nennt, um es kommunizierbar zu machen. Kommunikation ohne kennzeichen ist unmöglich geworden. Wer keinen namen hat, kommuniziert nicht und existiert dementsprechend nicht auf dem spielfeld. Und da es kein außerhalb des spielfeldes gibt, steckt jeder namenlose automatisch in einer gefährlichen zwickmühle. Ich tue daher alles mögliche, um mir einen neuen namen zu geben, damit man mich beim namen rufen kann. Aber ich finde schlichtweg keinen einzigen namen, der tief in der seele genau zu mir passt, denn ich kann es nicht mehr verheimlichen, daß ich in meiner seele im grunde niemand bin. "Seele" war nur der allerletzte name, den ich dafür fand, keinen namen zu haben. **Doch ebenso wie die begriffe gott und energie als bezeichnungen für das sein nur namen für etwas namenloses da draußen sind, so ist die seele nur eine bezeichnung für das genauso namenlose da drinnen. Im grunde gibt es noch nicht einmal dieses drinnen und draußen, denn alles ist eine einzige, unendliche materie.** Und "materie" ist auch nur ein schönes wort wie alle anderen. Also was mache ich jetzt mit meinem problem? Ich kann mich mit nichts identifizieren, weil ich keine identität brauche. Ich ruhe in meiner *grundlosen inwesenheit* und bin mit der welt konfrontiert, die mir einen namen abverlangt. Bäcker, schornsteinfeger, lehrer, künstler, wissenschaftler, ganz egal, ich muß mir einen namen geben, um in der gesellschaft mitspielen zu können. Nichts interessiert mich – ich liebe das leben auch ohne identifikation. Aber das erzähle mal einer meinem fallmanager im jobcenter, der verzweifelt versucht, mich auf dem arbeitsmarkt zu positionieren. Ich soll irgendwie vermittelbar sein, arbeitsfähig und arbeitswillig. **Fähig und willig bin ich durchaus, ja ich spüre diese basiskompetenzen wie jeder andere, denn ich bin NICHT DEPRESSIV, eher im gegenteil: ich bin glücklich. Aber die welt treibt mich mit ihrer zwanghaften *identifikationsneurose* in den wahnsinn. Der wahnsinn des heiligen idioten, der seinen namen vergaß und die methode der namenfindung gleich dazu.** Wie identifiziert man sich mit etwas? Wie nennt man sich nochmal beim namen und spürt dabei dieses glück, einen namen zu haben? Wie fühlt sich nochmal dieses glück an, etwas zu sein, etwas zu finden, das man sein möchte, etwas zu tun, das einen glücklich macht? Mich kann nichts mehr glücklicher machen als dieser unbenennbare zustand, ganz in mir selbst angekommen zu sein. Wenn ich nur irgendwas finden könnte, was in der außenwelt für diesen nutzlosen zustand geeignet wäre! Wenn ich nur irgendwas sinnvolles MACHEN könnte, was dem entspricht, gar nichts machen zu müssen, um "da" zu sein! Ich bin da, du bist da, wir sind da. **Warum rennen die meisten dann trotzdem so panisch herum und tun tausend dinge, um sich von diesem DA-gefühl abzulenken, in der paradoxen hoffnung, sich DURCH IRGENDWAS mehr da zu fühlen als ohne alles? Woher die angst vor dem loslassen? Die angst, ohne alles erstrecht da zu sein, ja dann erst überhaupt wirklich ganz und gar, mit haut und haar! Denn das können wir:** *im körper ankommen. Indem wir jetzt unseren atem spüren, unseren körper, die sinne, können wir einfach da sein, entspannt, bei uns selbst zuhause.* **Und dafür brauchen wir keine namen, keine begriffe, keine worte, wir brauchen nichts, was uns oder die dinge um uns herum identifiziert.** Ich erlebe die welt als ein einziges rumgerenne von a nach b, ein hinundhergeschiebe von materie, die an jeder ecke beim namen genannt wird, um dadurch die erlaubnis zu erlangen, sich zur nächsten ecke weiter zu hangeln. Ein einziges irres pingpong, das mich verrückt machen würde, wenn ich nicht schon verrückt wäre. Denn ich bin es ja: ver-rückt, aus der normalen Ordnung entrückt, weil ich nicht mitspiele. Aber ich leide darunter. Denn ein sehr menschlicher teil in meinem herz möchte nicht ausgestoßen sein, möchte kein außenseiter-dasein fristen, sondern möchte am spiel teilnehmen und einen nützlichen beitrag zum ganzen spiel leisten. Doch wie kann eine spielfigur nützlich sein, wenn sie keine farbe für nichts bekennt? Farblose, durchsichtige spielfiguren widersetzen sich allen spielregeln, ob sie das wollen oder nicht. Niemand braucht farblose figuren. Das spielfeld ist in eine exakte farbpalette eingeteilt. Wer keine farbe wählt, spielt nicht mit. **Wer keine passende farbe für seine seele findet, weil seine seele leer ist, hat pech gehabt. Ich liebe die durchsichtigkeit als eigenschaftslosigkeit meiner seelenlosen seele, ich würde sofort eine gläserne spielfigur wählen, wenn es sie gäbe. Ich würde sogar revolutionen mitplanen, um farblose figuren zu legalisieren.** Ich sehne mich nach einer gesellschaft, in der menschen nicht gläsern sind im sinne der öffentlichkeit ihrer persönlichen daten, sondern im gegenteil: gläsern durch auflösung aller informationszwänge. Der gläserne mensch ist für mich der identitätsfreie, der namenlose, der ganz in sich angekommene, in sich ruhende mensch, der seine augen und arme in einem unendlich dankbaren gebet öffnet und das reale leben in einer unendlichen umarmung begrüßt: Willkommen, du SEIENDES, wir sind da. Alles ist wahr. Fangen wir noch mal von vorne an...

ICH HABE KEIN SPIRITUELLES PROBLEM!

Mir ist dieser ganze esoterische Zirkus um die Erleuchtung schon peinlich, weil ich mich in der Gegenwart von Suchenden kaum traue zu verraten, dass ich nichts suche, weil es mich gar nicht gibt. In meiner Mitte wohnt nur dieses grenzenlose Loch, um das herum all die Facetten einer Persönlichkeit angesiedelt sind, die "ich" sagen können und damit zugleich "du" sagen, weil ALLES zum Du wird, wenn es kein absolutes Ich mehr im Zentrum der Wahrnehmung gibt. Darf ich bitte so ehrlich sein und mich als Suchloser outen? Wen macht es denn wütend, wenn jemand von sich frei heraus behauptet, gefunden zu haben, besser noch: gefunden zu SEIN, während andere darunter leiden, verzweifelt zu suchen und festzuhalten, was dem Bewusstsein immer wieder entgleitet: die Mitte, aus der alles herausströmt! Das Problem mit der Mitte entsteht erst dadurch, dass sie wie ein Objekt von einem Ich dingfest gemacht werden möchte, wodurch sie sich automatisch außerhalb dieses Ichs befindet, von dem sie so gerne vereinnahmt werden möchte. **Erst wenn das Ich in seine eigene leere Mitte heimkehrt, erledigt sich das Problem ganz von alleine, weil dann keine zwanghafte Person mehr existiert, die etwas außerhalb ihrer selbst sucht. Aber wie findet man zu dieser Mitte, wenn nicht durch Loslassen des Ichs, das immerzu mit sich selber spricht! Wenn dann das Selbstgespräch aufhört, kehrt das Bewusstsein zurück zur rein körperlichen Empfindung der eigenen Anwesenheit und spürt sich von innen.** Von innen bedeutet, in ewiger Bewegung zu bleiben, denn das leibhaftige Selbstwertgefühl entsteht durch den realen Körper im realen Raum. Kein abgehobener Geist, der ein gedankliches Korsett um den Körper schnürt sondern ein ichfreier Körper, der sich selber wahrnimmt und sprechen lernt. Hier beginnt das tatsächlich Nonduale ohne abgespaltene Transzendenz, die einen esoterischen Dualismus erzeugt, der lediglich pseudonondual verschleiert wird. Hier hat das Gehirn zu sich selber zurückgefunden und zelebriert seine Selbstwahrnehmung als vergeistigte Materie. Die Materie steht jetzt endlich in keinem dialektischen Widerspruch zum sogenannten Geist sondern dient als dessen Erzeuger auf biochemischer Basis. Wer hat etwas gegen die biochemische Basis seiner eigenen Existenz? Wer muss den Ursprung des Lebens verleugnen, indem er sein Ich krampfhaft zur Selbstüberwindung nötigt? **Wer hat ein Problem mit dem eigenen Ich, weil er es gar nicht von innen fühlt, sondern aus der Warte eines metaphysischen Über-ichs begutachtet? Wer spaltet sein Dasein in zwei Ich-Zustände und trickst diese gegeneinander aus? Da ist das erste Ich, das sich als WORT durch das zweite Ich beobachtet, das sich hinter dem Wort versteckt. Da ist der Glaube daran, dass man sich hinter einem Wort irgendwie verstecken könne und das Nonverbale zum Nondualen verklärt würde, indem man das Wort verleugnet. Aber das Wort "Ich" lässt sich nicht leugnen, sondern nur transformieren! Das spirituelle Problem ist ein grammatisches!** Wer kein spirituelles Problem haben möchte, der sollte sich mit der

Grammatik der eigenen Wahrnehmung beschäftigen, denn das Problem liegt im Umgang mit den Wörtern, die den Zustand des Ichs benennen. Solange das Ich zum Beispiel behauptet, vom "Ganzen" getrennt zu sein, spielt es zwei Wörter gegeneinander aus, die auch anders definiert werden können. **Mit etwas Mut lässt sich vom Ganzen behaupten, dass es das Ich beinhalte, so dass diesem Ich die Genehmigung erteilt wird, ins Ganze problemlos einzutauchen, ja, mit diesem Ganzen zu verschmelzen anstatt sich getrennt zu fühlen. Und schon löst sich das anfängliche Problem in ganz wunderbares Wohlgefallen auf! Es war nicht das Ich selber, das wirklich entfremdet war, sondern der Irrglaube an eine dualistische Definition des Wortes "Ich", durch die das eigentliche Gefühl für das Ich traumatisiert wurde. Anstatt SICH mit dem Ganzen verbunden zu fühlen, suggerierte die Traumatisierung, das Ich sei das unauflösbare Problem, das dem Ganzen widerspreche.** Ein verzweifelter Prozess der Selbstzerfleischung begann, weil das so falsch definierte Ich an der Haut klebte und mit keiner noch so ausgeklügelten Meditationsmethode abgekratzt werden konnte. Und je länger und hartnäckiger das entfremdete Ich sich seiner angedachten Befreiung verweigerte, desto tiefer brannte sich die Traumatisierung ins Fleisch ein und schürte den großen Verdacht, dass das Ich selber das Übel sei, von dem man sich befreien müsse. Dabei war das Ich eigentlich frei – ihm wurden nur einige argwöhnische Attribute angehängt, die es versklavten und klein hielten. **Das großartig gefühlte großgeschriebene ICH kann seine eigene existenzielle Freiheit erst umfassend ertragen, wenn es vom ebenso großartig gefühlten Wort "BIN" durchtränkt ist und als essenzielles Mantra ICH BIN aus der tiefsten, leeren Mitte des innersten Loches empfunden wird, wo das Bewusstsein zur reinen Bewusstheit mutiert. Jetzt wird verstanden, warum es keinen Unterschied zwischen Ich und Du gibt, denn jetzt sagt das Ich sogar Du, wenn es mit sich selber redet. Die innerste Leere spricht das unendliche Leben und damit die ganze Welt als ein Du an, dem endlich aus freiem Herzen begegnet werden kann.** In dieser Begegnung kann die Vereinbarung getroffen werden, sich mit Namen anzusprechen und sich Geschichten zu erzählen. Es kann aber auch auf Geschichten und Namen verzichtet werden, weil einfach nur "du" gesagt wird und "jetzt". Die Geschichte der Freundschaft beginnt immer mit dieser trivialen Mystik des Du im Jetzt. Aus der enttraumatisierten Selbstliebe der ichfreien Identität resultiert direkt die Fähigkeit zur Umarmung der Welt. Liebe ist hier der natürliche Zustand. Es gibt keine Möglichkeit, sich außerhalb dieser Liebe zu befinden, sobald das Ich kein Problem mehr mit sich selber kennt. Sobald es nicht länger in diese spirituelle Dissoziation flüchten braucht. Echte Spiritualität ist ab jetzt diese fluchtlose Fähigkeit, ganz und gar anwesend zu sein. Grundlos inwesend. Ganz da. Im ewigen Du. Immer jetzt.

DAS MÄRCHEN VOM SELBSTMÖRDER
UND DEM ZENMEISTER

am anfang war der allererste punkt, ein noch nicht wahrgenommener punkt ohne linie. ein punkt ohne anfang und ende, ein grenzenloser punkt. dieser punkt war von unendlicher ausdehnung und dabei unendlich klein. niemand bemerkte ihn, er war das geheimnis aller geheimnisse und dabei das offensichtlichste ding auf der welt. er befand sich im zentrum des universums und doch auch zugleich überall bis an die ränder des seins. diesen anfang zu entdecken bedeutet nicht, bis zum angeblichen urknall zurückzureisen, sondern im gegenteil: ganz hier und jetzt anzukommen, wo alles noch anfänglich wirkt, weil es nicht mit etwas anderem verglichen wird, sondern es selbst sein darf. ganz es selbst. hier schlummert der eigentliche uranfang von allem, hier hat das sein zu sich selbst gefunden und sagt von sich laut und deutlich *"ICH BIN"*. wer diesen punkt in sich selber erreicht, hat eine unsichtbare grenze überschritten, von deren anderer seite aus alle grenzen gesprengt sind. das "anfängliche" urbewußtsein ruht in seiner eigenen mitte und schaut aus der leere des ersten punktes hinaus in die welt. alles wird ihm unendlich und einmalig zugleich. aus der perspektive des urpunktes erscheinen die dinge allesamt in sich selbst ruhend. ein jedes objekt ist die mitte des universums. die mitte ist gleichsam überall. sie braucht nicht erst über komplizierte umwege erreicht zu werden, sie ist das mystische moment aller dinge, das auf der hand liegt. der zenmeister hält beide hände weit ausgestreckt, ihm ist die mitte vertraut wie nichts anderes. für ihn IST ALLES, er hat keinen zweifel am dasein. darum kann er niemals verzweifelt darüber sein. die lebensphilosophie eines zenmeisters gleicht einem ausrufezeichen und alles, was er wahrnimmt, folgt diesem ausruf, indem es bestätigt: *"ICH BIN DA"*. für den selbstmörder hingegen ist eben genau dieser ausruf schier unerträglich, er ist einfach total verzweifelt darüber, daß sich nichts weiter als dieser hohle punkt in der mitte der dinge befindet und wünscht sich nichts sehnlicher als ein überdimensionales ziel, auf das man sein leben bauen könnte. es ärgert ihn auch, mit welcher gelassenheit der zenmeister den dingen entgegenschaut, als wären es gar keine fremdkörper sondern vertraute seines herzens. dem selbstmörder ist alles ein einziges fragezeichen, er runzelt die stirn und ruft gott an und notfalls auch einige geister, um orientierung zu finden in dieser erschreckenden grenzenlosigkeit. ihm macht es angst, daß sich kein sinn hinter den dingen offenbart, weil ihm das universum dadurch als geheimnis erscheint. er hat sich die mitte des ganzen in gold glänzend vorgestellt und ist enttäuscht, daß die religionen nicht halten, was sie versprechen. der zenmeister schmunzelt nur freundlich und bietet ihm einen schluck wasser an. wie kann man in solch einer deprimierenden situation einfach nur wasser trinken und lächeln? der selbstmörder ist ratlos. im innersten all dieser wassermoleküle ist nichts als die leere, ein einziger ozean aus gigantischer leere – und der zenmeister ist trotzdem gut gelaunt? das geht entschieden zu weit! selbstmörder trinken keine leere, sie ertrinken darin! wer einem selbstmörder wasser wie einen edlen tropfen wein anbietet, der macht sich wohl lustig über das ausmaß der kosmischen tragödie. zeigt denn der zenmeister keinerlei respekt gegenüber der traurigkeit, die einem bei dieser existenziellen sinnlosigkeit überkommt? und warum schafft es der zenmeister, bei guter laune zu bleiben, obwohl alles leer ist? der selbstmörder möchte nicht wahrhaben, daß seine eigenen zellen aus leere gemacht sind, er hält an dem glauben an sein eigenes ich fest, um das alles kreisen soll. für ihn ist das ich in der mitte seiner gedanken genauso selbstverständlich wie die leere für den zenmeister. daß dieses ich leer sein könnte, erscheint ihm so gruselig wie die leere des universums. der zenmeister hingegen empfindet es als das natürlichste auf der welt, daß einfach alles im innersten leer ist, sogar diese traurigkeit darüber, denn sie ist auch nur ein weiterer ich-gedanke neben den vielen anderen. jede fröhlichkeit und jede frustration ist im innersten leer, jedes ja und jedes nein zum leben ist leer. darum schmunzelt der zenmeister ein wenig verlegen, wenn man ihn fragt, wie er das schafft, grundlos ja zum leben zu sagen. im grunde sagt er weder ja noch nein, sondern gar nichts. er lässt los von dem irrglauben seines verzweifelten ichs und überlässt es dem leben selbst, etwas zu sagen. das leben sagt selber weder ja noch nein zu sich sondern einfach nur *"LEBEN"*. es akzeptiert seine leere mit der gelassenheit der planeten, die ihre runden um eine ausbrennende sonne drehen, mit der gelassenheit der elektronen, die um einen leeren atomkern kreisen, mit der gelassenheit der gedanken, die sich um ein ichloses zentrum drehen. **alles, aber auch alles dreht sich im leeren kreis. das wissen sie beide, der selbstmörder genau wie der zenmeister.** und darum kennen sie sich nur allzu gut, sie wissen umeinander bescheid. an manchen tagen färbt der gemütszustand des einen auch schonmal auf den anderen ab und dann meint man, in den ansonsten nur leuchtenden augen des zenmeisters die depression des selbstmörders zu sehen. aber auch umgekehrt kann es geschehen, daß plötzlich ein lächeln über die lippen des selbstmörders huscht, weil ihn die seltsame erleuchtung des zenmeisters erwischt. in solchen sekunden sind sich die beiden wie zwillings-geschwister vertraut, jeder hat echtes verständnis für den anderen und kann den entgegengesetzten umgang mit der leere nachvollziehen. der selbstmörder betrachtet die leere grundsätzlich von außen, der zenmeister normalerweise von innen. doch jetzt wird der zenmeister ein bißchen melancholisch und denkt an die zeiten zurück, als er noch ein gewaltiges ich besaß, das unglaubliche abenteuer zu bestehen hatte – was war das für ein aufregendes leben im gegensatz zur erleuchteten langeweile! und der selbstmörder erkennt plötzlich in aller seelenruhe, daß diese langeweile nicht schlimm ist sondern der urgrund des universums, auf dem die gesamte welt aufgebaut ist. zum ersten mal in seinem leben ergreift ihn beinahe schon eine art euphorie und er wundert sich über sich selbst, wie entspannt er bei diesem gedanken doch bleibt. die leere, die langeweile, die lustlosigkeit – sie verlieren die dramatik, mit der sie ihn eben noch zu boden niederschmetterten. augenblicklich tritt eine urruhe ein, die ihn bislang ziemlich genervt hatte. erst jetzt kann er das lächeln des zenmeisters erwidern und nachvollziehen, wieso alles leer sein darf, ohne das leben zu bedrohen. zum ersten mal in der geschichte führen die beiden ein herzliches gespräch miteinander und tauschen sich über ihre verschiedenen positionen aus. während der eine sich völlig verzweifelt an seinem ich festklammerte und der andere gar kein ich benötigte, sehen sie nun beide das leben mit den augen des anderen und gestehen sich ein: ja, so fühlt es sich an, wenn man ein selbstmörder ist. und ja, so fühlt sich das leben als zenmeister an. beide gefühlswelten sind logisch erklärbar und haben ihr recht. aber auf einmal tauchen nun beide ganz ein in das gefühl des anderen. der zenmeister kann wieder traurig sein über die vergänglichkeit aller dinge, und der selbstmörder hat keinen grund mehr, sich umzubringen, weil er die bedingungslose leere seines eigenen ichs radikal spürt. beide haben etwas vom anderen gelernt und sind dankbar, sich näher kennengelernt zu haben. anscheinend werden sie sogar freunde fürs leben; denn sie besuchen sich von jetzt an gegenseitig: der zenmeister macht ausflüge in die psychiatrie und verbringt einige tage mit seinem depressiven freund dort, um gemeinsam die leere als traurigkeit zu ertragen. und der selbstmörder besucht seinen erleuchteten freund in dessen tempel, um dieselbe leere als natürliche langeweile zu zelebrieren. so teilen sie diese große, unendliche weite miteinander mal so und mal so, je nach bedarf. und sind glücklich, einander gefunden zu haben. das leben in freundschaft macht fortan für beide einen erstaunlichen neuen sinn, der sie vergessen lässt, was ihr ursprüngliches problem eigentlich war. und so werden sie tatsächlich alt miteinander und teilen am ende dasselbe schicksal: den natürlichen tod.

DIE SPIRI-PSYCHOSE

Hältst Du Dich für erleuchtet oder erwacht? Dann steckst Du mitten in der klassischen Spiri-Psychose oder wie die alten Zen-Meister sagten: Du stinkst nach Zen! Wer hat die Dreistigkeit, das zu behaupten? Der Autor dieses Textes war selbst über zwei Jahrzehnte lang Opfer der Spiri-Psychose – er weiß, wovon er spricht. Heute lache ich nur darüber, aber als ich darin steckte, bemerkte ich gar nicht, mit wieviel psychischem Kraftaufwand ich mir meine Erleuchtung ständig herbeizauberte. Es gibt einen subtilen, aber gravierenden Unterschied zwischen der Einbildung des Erwachens und dem echten Erwachen. Solange Du glaubst, dass Du erwacht seist, kannst Du es gar nicht sein, weil Du es als das Gegenteil vom Schlafzustand empfindest. Erst wenn die Erkenntnis eintritt, dass es den Schlaf gar nicht gibt, passiert echtes Erwachen. Aber wie kann diese Erkenntnis eintreten, wenn man sich krampfhaft am Glauben festhält, man hätte den Schlaf überwunden? Das ist das große Geheimnis der echten Erleuchtung, aber es handelt sich eigentlich um kein Geheimnis sondern um Gnade. **Denn die Erkenntnis, dass es den Schlafzustand nicht gibt, weil alles im Grunde hellwach ist, geschieht automatisch, sobald etwas anderes, geradezu magisches, vor sich geht: die Heimkehr in das innerste Zentrum des eigenen Körpers, wo diese sprachlose Leere tatsächlich wohnt, die man vor langer Zeit in einer mystischen Erfahrung gespürt hatte.** Als diese Erfahrung geschah, warst Du schon so lange daran gewöhnt, jede Gemütsregung als reingeistiges Objekt außerhalb Deines Körpers durch Dein abgespaltenes Ich zu betrachten, dass Du nicht fähig warst, diese unendliche Leere als Dein eigenes Zentrum zu begreifen. Da war dieses Ich, das die Leere wie ein Objekt begutachtete und versuchte, sie in das Gesamtsystem Leben gedanklich irgendwo einzubauen. Der Geist spielte den Streich, sich nicht selbst zu entleeren sondern die Leere nur zu betrachten, sie meditativ zu erfassen. Er füllte sich quasi mit Leere an und behauptete fortan, leer zu sein, obwohl er randvoll mit gedachter Leere war. Welch ein perverses Paradoxon! Aber das Ich kann sich nicht lange an dieser letzten spirituellen Illusion festhalten, denn der Energieverschleiss für diesen Selbstbetrug ist gewaltig und führt irgendwann zu einer psychosomatischen Krise. Die kann sich schon bald nach der Erfahrung bemerkbar machen oder erst Jahre danach. In der Zwischenzeit hat man sich womöglich einen Namen als Guru gemacht. Oder man mutierte zum spirituellen Bestsellerautor. Aber es kommt irgendwann dieser Punkt im Leben, da die Erleuchtungspsychose zu anstrengend wird, weil sie zur permanenten Totalsublimation sämtlicher sinnlichen Regungen zwingt. Emotionen werden im heiligen Geschwafel überkompensiert, die Bedürfnisse des lebendigen Körpers dogmatisch sterilisiert. Man kleidet sich nur noch in Krankenhausweiss und lässt sich einen erleuchteten Vollbart wachsen oder rasiert sich als Frau den Schädel wie ein Mönch. Selten dass jemand bei all diesem theatralischen Aufwand doch noch die Kurve kriegt und seinen Selbstbetrug bemerkt. Ram Dass (Richard Alpert) war solch eine erfreuliche Ausnahme. Er konfrontierte seine Anhänger eines Tages mit dem Tabubruch, dass er eine Psychotherapie begann und damit den esoterischen Aberglauben widerlegte, dass die Erleuchtung auch automatisch neurotische Verstrickungen auflösen würde. Der einzige vorläufige Vorteil, den die erstmalig auftauchende Mystik für die Psyche hat, liegt in der intellektuellen Distanz zwischen neurotischen Emotionen und esoterisch aufgeblähtem Ego, wo vorher nur Depression oder sonstiger Psychostress herrschte. Aber es kommt irgendwann, wie gesagt, trotz dieser Distanz zu einer Krise, sofern es die Selbstehrlichkeit zulässt; denn die Fütterung des Egos mit Begriffen wie Leere, Licht und Liebe ist nur der Anfang der Meditation, während die wahre Erleuchtung erst durch das Loslassen von diesen Begriffen geschehen kann. **Das Erwachen ist kein intellektuelles Problem, sondern wird durch das zwanghafte Festhalten am Intellekt selber verhindert, der sein neurotisches oder integrales Ich konstruiert. Schon Alan Watts hat darauf aufmerksam gemacht, dass das Zentrum des Bewusstseins kein Ich sondern ein Loch ist.** Die Rückkehr des Egos in dieses tiefste, innerste Loch, diesen "blinden Fleck" der Selbstwahrnehmung, ist das eigentliche Wagnis der zweiten Erleuchtung, nachdem man sich wie ein vertrockneter Schwamm mit den heiligen Begriffen vollgesaugt hat und diese bis zum esoterischen Exzess zelebrierte. Man stelle sich einen spirituellen Lehrer vor, der plötzlich aus seinem Satsangsessel aufsteht und ausruft: *Hey Leute, vergesst diesen ganzen Meditationsquatsch! Es gibt weder Leere noch Liebe! Das sind lediglich Einbildungen Eures Egos, das alles loslassen möchte außer sich selbst! Ihr müsst Euch in Wahrheit vom Sprachzentrum befreien, um absolut wortlos von innen zu spüren, dass Ihr da seid. Leer von Begriffen und leer von der Sprache an sich. Ganz von innen. Auf Zellebene. Tiefenorganisch.* Autoren wie Jed McKenna betonen den Irrtum, dass wir immer alles außen suchen. Das Ich kann nämlich nur Daten von außen sammeln. Weil das Ich selber nur außen vorhanden ist. In der Selbstreflektion. **Wer sich dagegen von innen spürt, braucht dazu kein Ich, sondern wohnt in dem besagten unendlichen Loch des Bewusstseins. Hier fängt eine mystische Ebene an, die tatsächlich rein körperlich spürbar, die sinnlich erfahrbar ist.** Ein "spiritueller Materialismus", wie er von manch einem wirklich weisen Autor schon häufig gefordert wurde. Solange der Mensch in der Spiri-Psychose gefangen ist, trennt er das Universum in dualistische Gegensätze und spielt immerzu eine Seite gegen die andere aus. Weil sich sein depressives Ich so sehr wünscht, dass es einer göttlichen Quelle entspringen möge. Doch der Ozean hat keine Quelle, er ist selber die unendliche Leere. Wir schwimmen nicht in einem Energiemeer sondern schweben durch das unendliche Vakuum. Mystisch-materielles Vakuum. Ein Schock für das Ego, der wachrüttelt. Sofern wir uns von diesem Schock wirklich berühren lassen. Sofern wir aufwachen wollen anstatt nur Aufgewachte zu spielen...

MANIFEST DES NEUROATHEISMUS
(PERINZENDENZ STATT TRANSZENDENZ)

PERINZENDENZ ist die nonduale Sicht der Realität als absolut wirkliche.
Transzendenz war der jahrtausendlange dualistische Aberglaube
an eine höhere Dimension. Transzendenz hatte viele Namen:
Gott, Liebe, Leere, Energie, Wesen, Selbst, Mitte,
Materie, Nichts, Ding-an-sich, das Eigentliche und die 42.
Wer das Leben ohne Transzendenz ok fand, wurde als Ketzer stigmatisiert.
Jede Religion hat ihre eigene Transzendenz.
Manche Vorstellungen ähneln sich, so daß es zum interreligiösen Dialog kam.
Dagegen ist PERINZENDENZ transreligiös:
sie überwindet den religiösen Dualismus,
der aus der Realität eine Illusion macht.
Das perinzendente Lebensgefühl des total in der Wirklichkeit Angekommenen
ist gekennzeichnet durch GRUNDLOSE INWESENHEIT.
Totaler Kontaktismus. Alles ist das, was es ist.
Alles hängt mit allem zusammen.
Alles ist da. Transdualistisch.
Dasein ist eigentlich, wesentlich und einseitig:
das unendliche Diesseits ohne abstraktes Jenseits.
Die Identität von Geist und Materie.
Das Spüren des Seienden. Der Spürsinn des Seins.
Das bewußte Wahrnehmen des Wahrnehmbaren als Wahrheit.
Ohne Hintertürchen. Ohne doppelten Boden.
Ohne Zusatzstoffe.
Der Stoff, aus dem die Welt gemacht ist, heißt Welt.
Das Weltliche ist das Göttliche. Es gibt keinen Gott außerhalb der Natur.
Die Natur ist unendlich und leer.
Durch die Natur hindurch zu schauen, bedeutet nichts dahinter zu sehen,
sondern den permanenten Urknall in der Gegenwart zu entdecken.
Das Universum entstand nie. Es ruht in sich selbst.
In seiner eigenen Leerheit.
Der Mensch kann das Sein niemals dualistisch begreifen.
Dualismus erzeugt immer nur Rätsel.
Sich selbst ganz grundlos inwesend zu spüren,
ermöglicht dem Denken, sich zu entspannen.
Das abstrakte Ich löst sich in Wohlgefallen auf.
Die Erleuchtung besteht plötzlich ganz einfach nur darin,
alles wie eine gläserne Masse zu durchschauen und zu erkennen:
alles ist alles. Mehr gibt es nicht.

Alles hat Eigenschaften, die uns noch fremd und seltsam anmuten können.
Alles kann Ebenen haben, die uns verborgen bleiben.
Aber prinzipiell gilt: alles ist ALLES. Alles ist da.
Die Weltflucht wird überwunden.
Wir kommen im Dasein an. Alles ist außen.
Es gibt kein innerstes Zentrum.
Was innen war, wird endlich wahrgenommen.
Kein transzendenter Fluchtpunkt mehr.
Die perinzendente Welt hat keine externe Identität.
Alles ist mit sich selbst identisch.
Der dualistische Glaube an ein abstraktes Ich hat verhindert zu begreifen,
daß alles immer überall sein eigenes Ich ist.
Alles ruht in sich selbst.
Alles ist Natur.
Es gibt keine Frage nach der Natur der Dinge.
Jedes Ding ist seine eigene Natur.
Alles Wahrgenommene ist wahr.
Die Wahrheit liegt im Ganzen.
Das Ganze ist unendlich.
Die Unendlichkeit ist leer.
Alles ist leer.
Die Leere ist leer.
Das Universum ist unser Zuhause.
Ein Haus ohne Wände.
Ohne Fenster.
Ohne Türen.
Es gibt kein Außerhalb des Universums.
Deshalb gibt es auch kein Drinnen.
Wir sind weder drinnen noch draußen.
Wir sind DA.
Inmitten des unendlich Leeren.
Bodenlos.
Grundlos.
Selbstlos.
Perinzendent.
Das Glühen der Nerven ist das Glühen der ganzen göttlichen Welt.
Das Flimmern der Existenz.
Das Leuchten der leeren Fülle.
Das Atmen der Unendlichkeit.
Das ganze Universum atmet sich selber ein und aus...

NERVÖSE NONDUALITÄT
(SPÜREN STATT DENKEN)

Woran glaubt ein Neuroatheist? Er hat das traditionelle Denken in dualistischen Begriffen der urschizophrenen Objektkultur (wie z.B. "das" Nonduale, "das" Göttliche, "das" Absolute) überwunden, indem er die UNENDLICHE LEERE als Eigenschaft der Materie empfindet anstatt als metaphysiche Entität (wie z.B. Gott, Himmel, Jenseits). Für ihn ist es entscheidend, das mystisch-materielle "Sein des Seins" als GEHEIM-NISLOSES GEHEIMNIS mit den eigenen Nerven zu spüren anstatt es sich als "heiliges" Begriffsobjekt vorzustellen. **Sein meditatives Lebensgefühl geht für ihn durch "Mark und Bein", es bedarf dazu keiner speziellen Kontemplation. Während der normale Atheist GLAUBT, daß es Gott nicht gibt, weiß der Neuroatheist, daß es kein Außerhalb der Unendlichkeit gibt.** Daher empfindet er die gesamte Wirklichkeit als absolut. Das ist der neue Transdualismus, der den Krieg zwischen den Religionen tatsächlich überwindet. Menschen, die das Leben nervös-nondual spüren, fühlen sich mit allem verbunden. Sie stehen in restlosem Kontakt. **Dieser totale Kontaktismus ersetzt die innerliche Illusion eines Egos oder einer Seele. Das integrale Ich sagt permanent Du.** Und erfährt dadurch in jedem Atemzug das transspirituell-selbstleuchtende Überdu als "Erweiterte Sachlichkeit" des GELEBTEN Augenblicks. Der Neuroatheist wartet nicht auf "mehr Licht" sondern genießt jeden Moment MEHR JETZT...

DEPRESSION:
DISIDENTIFIKATION STATT DISSOZIATION

WENN DEPRESSION IN TOTALE DISIDENTIFIKATION MÜNDET, VERLIEREN NEGATIVE EMOTIONEN IHRE BEDEUTUNG – KOSMISCHER HUMOR BEGINNT!

Therapietrips sind Egotrips, weil sowohl neurobiologische als auch spirituelle Psychologien dem Dogma der DUALISTISCHEN DISSOZIATION huldigen anstatt die Überwindung der urschizophrenen Objektkultur durch totale Disidentifikation von allen Objekten anzustreben. **Der Dualismus glaubt an ein sakrales Objekt im Zentrum des Geschehens, um das unser gesamtes Universum kreist. Je nach klinischer oder spiritueller Schule heißt dieses Zentrum Ich, Seele, Gott, Leere oder Nichts und ist prinzipiell transzendent.** Psychische Probleme erfahren darum nur eine hypnotische Symptombehandlung anstatt die Illusion des Egos als eigentlichen Problemverursacher zu enttarnen und in der "randlosen Mitte" (=Unendlichkeit) anzukommen. Diese Mitte ist eben kein Objekt mehr sondern ein perinzendenter Bewußtseinszustand der entprojizierten, offenen Gegenwärtigkeit – ankommen heißt, nur noch "grundlos inwesend" zu sein. Depressionen als Lebenskrisen sind daher eigentlich großartige Chancen, um die Definition der eigenen Persönlichkeit radikalontologisch umzukrempeln. Solange der Mensch sich als isolierte Person mit einem (traumatisierten) Charakterpanzer empfindet, muß er ständig unter seinen Symptomen leiden. Erst wenn das Bewußtsein sich selbst nur noch als Wechselspiel des Wahrgenommenen erkennt, kann es jedem Phänomen wertfrei begegnen, ohne es auf ein persönliches Zentrum zu beziehen. **Die totale Disidentifikation von aller Objekthaftigkeit ist darum gerade kein Nichts oder Gott (beides transzendente Objekte!), sondern scheinbar paradoxerweise das Einssein mit dem jeweiligen Objekt, als das sich das Bewußtsein von Augenblick zu Augenblick präsentiert: der Täter ist nichts weiter als das ganze Getue selbst.** In diesem Sinne verstehe ich auch den Lochismus von Alan Watts und das Nullyoga von Pier Zellin.

GES(CH)ICHTSLOSE LIEBE

wenn alle geschichten zuende gelebt sind, bleiben nur noch die freien übrig. die geschichtslosen mit den tausend gesichtern. das ist ein kosmisches rätsel, das jenen angst macht, die geschichten als lebenssinn brauchen. wir leben seelisch in einem leeren raum ohne wände. ein durchsichtiger tempel ohne dach und boden. wir sind nur jenen vollkommen nahe, die auch in solch einem offenen kristallozean schweben. jeder mensch ist mit einem teil seiner seele dort angekommen. jeder mensch ist von geburt an dort zuhause. mit diesem heiligen bewusstsein sind sich alle menschen ungeschminkt nahe, obwohl es die meisten vergessen haben. mit den restlichen anteilen der alltäglichen masken erleben sie ihre zeitraubenden abenteuer, um zu sich selbst zu finden. geschichten schichten sich auf geschichten zur seelischen müllhalde der menschheit. die ganze zivilisation ist ein einziges verweben und verknoten von geschichten der selbstsuche. **wenige nur, die das unendlich offene finden und auch betreten. manche davon landen in der geschlossenen. manche begehen selbstmord, weil sie sich fremd fühlen in einer welt, die nur kampf und verteidigung kennt. manche werden künstler, um den schmerz zu verarbeiten. manche gehen in die natur und schweigen für immer. und manche machen einfach weiter, als wäre nichts geschehen. aber ihr seelenleben ist nun streng geheim.** weil niemand ihren schwebezustand versteht. sie sind beschützt durch die offenheit. das geheimnislose ist ihr geheimnis. sie sind keine heiligen. aber sie sind auch keine personen. sie leben ohne geschichte weiter. ihr wahres gesicht ist die gesichtslosigkeit, mit der sie sich anlächeln und in die arme nehmen. ihre liebe besteht aus freiheit. ihre freiheit ist nichts als ein zärtliches gefühl für das ganze leben.

NONDU-(QU)AL-ITÄT

Spirituelle Sucher sind egozentrische, urschizophrene Seelenheilsucher: sie fragen sich nicht nur verzweifelt, WER sie "selbst" sind (im Sinne eines Denkers hinter den Gedanken), sondern auch WAS "eigentlich" und WARUM "überhaupt" das gesamte Sein "da" ist (und nicht nichts), weil sie das unendliche Nichts nicht als innerste Eigenschaft der Materie empfinden, sondern sich als geheimnisvollen, "göttlichen" Ursprung des Universums vorstellen. **Aus lochistischer (nondual-mystischer) Sicht gab es allerdings keinerlei Urknall, weil das Sein kein dualistisch begrenztes Objekt ist und daher auch keinen "übersinnlichen" Konstrukteur benötigt: die Wirklichkeit ist (jedenfalls für einen Lochisten) tatsächlich identisch mit ihrer eigenen Leere, was für den "erwachten" Geist kein logisches Paradoxon darstellt; denn seine Erleuchtung besteht darin, eben diese unendliche Leere als sein eigenes Wesen zu empfinden anstatt eine Ich-Konstruktion in einer imaginären Mitte, die dem Glauben an einen Urknall ähnelt. Somit wurde der Suchende letztlich seine eigene Antwort als kosmisches (Selbst-)Bewusstsein des Universums, das im Innersten selber das große Nichts ist.** Die permanente subtile Identitätskrise als zwangsneurotische Gottessuche endet hier und die natürliche Würde des Ganzen ist wieder in der panoramischen Wahrnehmung des Ichillusionsbefreiten hergestellt. Eine Zivilisation aus solchen ideologielosen Menschen ohne den psychischen Filter dieser absurden "letzten Fragen" (und noch absurderen Antworten!), die Psychologen, Philosophen und Kosmologen seit Jahrtausenden unnötigerweise beschäftigen, kann jetzt in mitfühlendem Respekt ohne den Fanatismus religiöser Weltanschauungen oder wissenschaftlicher Weltformeln die Völker rein praktisch-technologisch verbinden. **Fast könnte man meinen, die Welt funktioniere im 21.Jahrhundert schon so postmodern "offen", aber die Kooperation zwischen einzelnen Individuen und ganzen Völkern geschieht nicht aus freigeistiger Liebe zum Leben, sondern nur durch eine machtgeile Egoelite, die zu ihrem eigenen Vorteil Ideologien wechselt und die kollektive Hypnose schamlos ausnutzt. Wir leben bereits heute in einem dystopischen Zustand, der gruseliger anmutet als ein apokalyptischer Sciencefictionfilm.** Mit Erleuchtung und Aufwachen hat dieses marktwirtschaftlich getarnte totalitäre Theater rein gar nichts zu tun! Aber wir reden nicht mehr darüber - im Gegenteil: wer das so radikal formuliert wie dieser gelesene Text hier, gilt als naiver, romantischer Träumer, als Spinner und Ketzer oder gar als Verschwörungstheoretiker...

KONTAKT

zwischen zwei körnern
staub
schritte im meer
geatmet
und so

<u>ZER</u>

die zeit zerquetscht sich
zwischen der mauer
daneben wartet leere lust
und wurzeln
entwachsen meinen händen
bis das herz platzt
der heiland sich zerstückelt
die haut zerfällt
wenn der juckreiz schöne blumen malt
ohne mich
ohne mich
die mauer endet erst hinter dem
dazwischen
aber du kannst warten
werde ich
dort wo sich sogar
die lichtmasse zerlöst
gibt es kein dort
der fluß naht
und uferlos

ZEN

keine feste erde mehr
doch fehlt der raum mich aufzulösen
bin im körper angezogen
von der luft getragen
durch das licht ist es so weit
ich kann nicht stehen
kann nicht sitzen
muß mich finden hier
im spiegellosen
mensch aus tausend ländern
zwingt mich
meine haut zu retten
falle falle
laufe los
mein schicksal soll
sich heute ändern
werde mich
im winde betten
der fluß ist da
und leer

MYSTISCHES WAGNIS

zusammengepreßt
und langgezogen
bis zur ewigkeit
zermalmt
im weißen loch
der seele und
als strahlenkörper
eines tages
freigelassen
für ein neues leben
im offenen raum

die erdenzeit beginnt
zu leuchten

100% DA

wie könnte mein geist
denn abwesend sein
wenn er im körper
nicht nur wohnt
sondern dadurch
erst geschieht

ich gebe alles
ohne zu verlieren
weil bloß offensichtliches
dem willen lebbar bleibt

in deiner nähe
flüchtet nichts

ÜBERDU

ich lese in dir
die geschichte eines universums
das sich dauernd neu gebirt
und höre deine seele
wie die stimme einer reinen
existenz aus energie und
leere dringt durch alle
körperzellen wie planeten
einer unendlichen umlaufbahn
die mitte leuchtet überall
wenn wir uns treffen
trifft sich die materie
gegenseitig selbst und
lacht im angesichte dieser
unbarmherzigen fraglosigkeit

<u>ZUR OFFENEN MITTE</u>
(1.TRANSRELIGIÖSES GEBET FÜR DAS 23.JHD.)

DAS LOCH IST MEINE GROßE MITTE
ES DURCHDRINGT DAS GANZE ALL
DAS LOCH IST MEINE GROßE MITTE
ALS UNENDLICHER URKNALL

IN MEINEM KÖRPER WOHNT DIE LEERE
SIE TRÄGT UNS IM FREIEN FALL
IN MEINEM KÖRPER WOHNT DIE LEERE
SIE DURCHLÖST DEN ERDENBALL

MEIN GEIST VERWANDELT SICH ZU STILLE
ER BEJAHT DIE GEGENWART
AUCH OHNE WORTE SEI MEIN WILLE
OFFEN FÜR DIE FREIE TAT

DAS GRENZENLOSE LOCH IN MIR
RUHT ÜBERALL IN SEINER MITTE
ES VERBINDET MICH MIT DIR
UND TREIBT UNS VON HIER NACH HIER

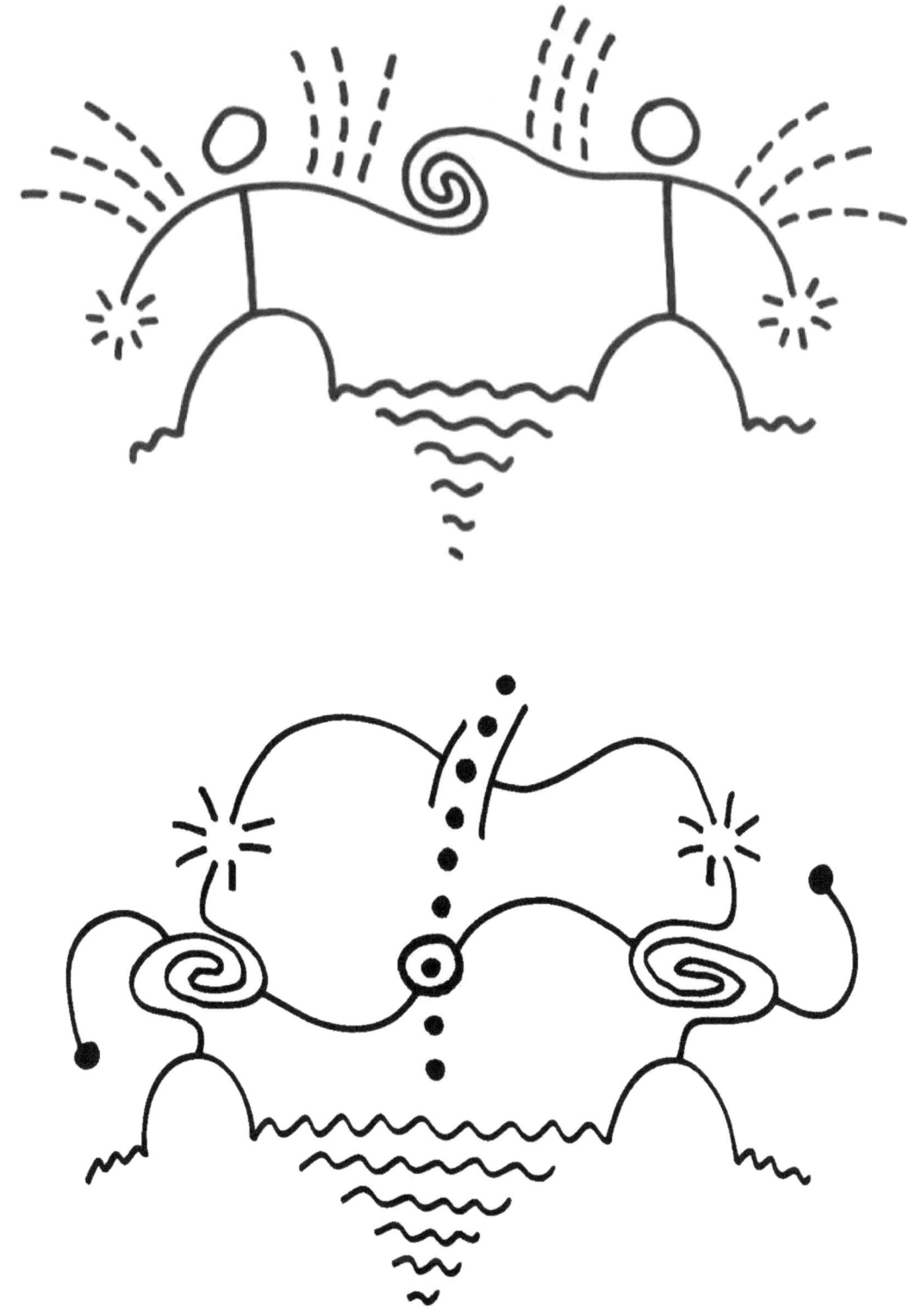

ÜBERGRÖSSE

spürst du die erdwölbung
unter dir das glühende
gewicht der erde
das dich sanft berührt und
durch das universum trägt
spürst du wie unendlich
deine augen durch
den ganzen körper schauen
jede faser öffnet sich
und jede zelle ruft nach licht
du mußt nicht sterben
um ins paradies zu kommen
und du mußt nicht glauben
um die welt in ihrer vollen größe
zu erkennen du
mußt nicht denken und
noch nicht einmal verstehen
du darfst einfach
so erleuchtet sein
durchleuchtet und durchflutet
von der ungeheuren kraft
die zwischen allen welten klafft
der spalt verläuft
in alle richtungen
durch jedes staubkorn
dieser wirklichkeit
dein atem strömt
in alle winkel
deine blutbahn kreist
um die entferntesten planeten
wirbelt durch die galaxien
rast zurück zum heimatschiff
die außerirdische besatzung
nennt sich menschheit
jeder einzelne wird mensch genannt

die erde dreht sich
ja die erde dreht sich
langsam tief und still
um ihren flüssigen uralten kern
dein hirn ist eine wolke
jede wolke wie ein vogelschwarm
die sonne ist ein klitzekleines teilchen
alle sonnen sind ein einziges organ
das ganze universum ist
so klein wie ein atom
vernetzt mit vielen anderen
was kannst du sehen
wenn du dir erlaubst
verrückt zu werden
was kannst du ertasten
wenn du dir bewußtsein gönnst
in jedem wesen lauert dieser rausch
den keine droge je vermitteln kann
es ist das monster der materie
das sich ständig selbst verschluckt
mit einem gnadenlosen grinsen
spült es deine fragen weg
und sagt dir heimlich
nach millionen jahren
endlich klipp und klar
du bist weit mehr als alles
und noch weniger als nichts
durch alle dimensionen
spiegelt sich die botschaft
feierlich und fröhlich
es gibt uns
wir sind das
was

NEUROSCHA(U)M

niemand
fragt mehr nach
dem religiösen WARUM
weil sich das scheinproblem
heute beim staunen erledigt hat
wenn ich der alten tradition
aus sehnsucht und suche
verhaftet wäre könnte ich
jetzt eigentlich sterben denn
das gewaltige rätsel des daseins
ist endlich gelöst es hat
sich urplötzlich und
vollkommen unerwartet
von selbst aufgelöst in diesem
einswerden des wortes "ich"
mit dem objekt seiner stillen
begierde als leere mitte
der ganzen materie aus der
das bewußtsein bewußtheit
von innen empfindet wo alles
nach außen gestülpt
umeinander tanzt in der
zeitrechnung aus zeitlosen
momenten der ankunft die
weder sehnsucht benötigen
noch ängste erzeugen
sondern das LEBEN
in seiner berausch...
...enden echtheit
feiern!

NEUROGERMANISTIK

kein gedicht und kein gesang
hat diesen göttlichen tiefgang
der gefühle und erkenntnisse
in der sekunde wenn uns etwas
unbegreifliches passiert das
uns den atem raubt das hirn
wegpustet alle worte zaudern
lässt das unwahrscheinliche
ereignis zwingt die zellen
ohne bilder zu erschaudern
nicht in rätseln nicht in
reimen über unvorstellbares
zu plaudern sondern nur die
poesie des echten lebens
zu ertragen ja zu sagen
ja und nochmal ja ja ja

(FAVO)RITENBOYKOTT
(AUFWACHEN IN DER BILDUNGSLÜCKE)

Keine Bücher Gelesen
Keine Filme Gesehen
Keine Vorträge Gehört
Keine Forschungsreise
Unternommen Keine
Anstalten Gemacht
Einen Gesellschaftlich
Anerkannten Ausweg Aus
Der Zivilisierten
Unwissenheit Zu
Entdecken Erstrecht
Kein Bemühen Das
Wissen Der Menschheit
Miteinander Zu
Vergleichen Noch Nicht
Einmal Schlechtes
Gewissen Erzeugt Oder
Minderwertigkeitswahn
Gegenüber Den Besser-
verdienern Entwickelt
Kein Kleinstes
Bedenken Kein Skrupel
Kein Flüchten In
Hohle Betriebsamkeit
Und Kein Warten Auf

Irgendwas Um Das
Warten Der Nerven
Geschickt Zu
Vertuschen Die Ganze
Maschine Ist Mystisch
Verseucht Das Gesamte
Universum Macht
Munter Mobil Gegen
Die Sehnsucht Den
Grund Seiner Existenz
Zu Verstehen In Jeder
Sekunde An Jedem
Standort Tut Sich
Eine Lücke Im Bewußt-
seinsstrom Öffnen Wo
Sich Jemand Schwer
Tut Ein Bild Zu
Machen Vom Regen Als
Weltformel Aus
Zahllosen Tropfen Das
Rauschen Ein Nasser
Segen Vonwegen
Wahrheit Wir Lauschen
Der Leere Und Beten
Das Kein Vater Unser
Kein Sohn Keine
Bücher Keine...

GEBEET

ICH BIN das ich
das ich nicht habe und
ICH HABE ein ich
das ich nicht bin
ICH DENKE mit meinem ich
das sich nicht
selber denkt und
ICH FÜHLE mich selbst
ohne ein ich zu fühlen
ICH LEBE als ich
ohne mich festzuhalten
ICH STERBE als ich
ohne etwas loszulassen
was lebt ist das leben
was stirbt ist der tod
was sich denkt
ist das denken
was fühlt ist gefühl
NIEMAND IST da
um sich abzulenken und
NICHTS IST geschehen
indem es geschah
ALLES IST jetzt und
jetzt vorhanden
was nicht jetzt ist
ist jetzt erstrecht

JEDER IST jetzt
ein jedermensch
jedermensch ist
jetzt ein jetzt
was passiert passiert
was nicht passiert
passiert auch
die sprache ist ein beet
mit vielen blumen aber
es gibt gar kein beet
und so stellen wir
die gepflückte leere
in eine vase und diese
duftet süßlich
nach gar nichts

<u>ÜBERSCHUßß</u>

DIESES GEDICHT DIENT LEIDER NICHT
ALS TROSTSPENDENDE GRABINSCHRIFT
FÜR GLÄUBIGE DENN IN KEINER ZEILE
STECKT GOTT ODER DIE LEERE GESCHWEIGE
DENN ETWAS NOCH WENIGER AUSSPRECHBARES
SOGAR DAS BEDÜRFNIS NACH LIEBE WIRD
HIER NIRGENDS ERFÜLLT ES GIBT KEINEN
VERNÜNFTIGEN GRUND UM DIESES GEDICHT
ÜBERHAUPT ZU SCHREIBEN KEIN THEMA
KEIN ZIEL KEINE MOTIVATION WIR SIND
HIER BEIM DURCHLESEN AUF UNS SELBER
ZURÜCKGEWORFEN UND SPÜREN DAS DASEIN
VON INNEN WO ALLES BEGINNT NIEMALS WAR
UND DOCH EWIG SCHON IST UNSER GEHIRN
SPIELT UNS SO NEBENBEI DEN ALLERGRÖßTEN
STREICH INDEM ES DIE EIGENE ECHTHEIT
NICHT NACHVOLLZIEHEN KANN ABER SICH
GNADENLOS SÄMTLICHEN EINDRÜCKEN
DER SINNE AUSGELIEFERT EMPFINDET

HEILIGER BLÖFF

all die großen begriffe
die schöngeistigen floskeln
von kosmischer liebe
seelischem frieden
und ewigem quell
sind mir abhanden gekommen
ich fand weder wahre natur
noch das ichlose bewußtsein
noch göttliche energie
all die pathetischen ideale
die metaphysischen überhöhungen
und abstrakten sinnprojektionen
erwiesen sich als illusionen
des allzu sehnsüchtigen geistes
der nicht in sich selber ruht
denn die lebendige mitte
der wirklich gespürten urruhe
ist leer wie ein loch
ohne esoterische haltegriffe
die sinne sind sinnfrei sinnvoll
die echte befindlichkeit
ist die empfindung des seins
aus sich selbst heraus
als das ganze das
grenzenlose das namenlose
geheimnislose geheimnis
die letzte erleuchtung verbrennt
den erleuchteten mitsamt
seiner weisheit und
seinem wortschatz
was bleibt ist ein staunender
mensch der sein dasein
als nichtsein begreift

JENSEITS DER EINSAMKEIT
(WEDER HABEN NOCH SEIN)

ich habe keine gedanken
sondern ich denke
ich bin nicht verliebt
sondern ich liebe
ich fühle mich nicht
sondern das ganze spürt sich
nicht durch meine sinne
sondern weil ich sinnlich bin
denn ich habe kein ich
sondern spreche mit dir
was ich begreife
sind keine begriffe
denn was sich begreifen lässt
liegt zum greifen nahe
ich habe keinen begriff
von mir selbst denn
ich bin der begreifende
alles ist das
was es ist und
darum nichts anderes
haut und knochen und fleisch
sind die bausteine des universums
das sich seiner selbst bewußt wird und
über seine eigene unendlichkeit
stolpert nein staunt

MYSTISCHE MECHANIK

hier ist
überhaupt nichts
von irgendetwas durchdrungen
das ganze ist
weder oberflächlich
noch tiefsinnig
sondern nur rätselhaft klar
wie die spannung des wassers
bei einem regentropfen
der ins unendliche zurückfließt
sobald diese spannung nachlässt
das wasser ist beides
unendlich und vielschichtig
das meer und die tropfen
das ganze und seine teile
kein höheres bewußtsein
bedarf es zur erklärung
(welch nächste erhöhung würde
dann dieses bewußtsein erklären?)
die unendlichkeit ist
sich unendlich genug
sobald sich der mensch selber
als meer spüren kann
die moleküle des körpers
ergeben wasser
alles ist
von sich selber
durchdrungen
das unendliche ist
unendlich genug

IDENTITAT

das universum geht
auf zwei füßen durch
sich selbst hindurch

ALL-EIN-SEIN
(BOHROUTSYNDROM)

wir bohren nicht mehr
an den neuronalen rohren
denn wir haben
unsere langweilige psyche
an die grenzenlose gegenwart
verloren ja wir sind für mehr
als schmerzbegrenzung
auserkoren heilung strömt
aus allen poren

Wolf Schneider

N A C H W O R T

Ich mag diese Gedichte von Tom de Toys und auch seine Essays. *»wenige nur, die das unendlich offene finden und auch betreten. manche davon landen in der geschlossenen«* **– solche Sätze haben's mir angetan, so dicht und klar wie sie sind, und dabei sind sie auch noch witzig. Wo Rilke noch süß ist und Hesse bürgerlich brav, haut Tom in seiner zeitgemäß unverschämt konfrontierenden Art voll rein:**

du mußt nicht sterben
um ins paradies zu kommen
und du mußt nicht glauben
um die welt in ihrer vollen größe
zu erkennen du

Nein, du brauchst nichts zu glauben. Es genügt zu sehen – und dann brauchst du noch ein bisschen Mut zur Verrücktheit:

was kannst du sehen
wenn du dir erlaubst
verrückt zu werden
was kannst du ertasten
wenn du dir bewußtsein gönnst
in jedem wesen lauert dieser rausch
den keine droge je vermitteln kann

Das ist Mystik pur. Was ließe sich dem noch hinzufügen? Wer je diesen Raum hinter dem Konventionellen betreten hat, wird das – und sich selbst darin – wiedererkennen. Es ist so einfach! Und doch braucht es offenbar viele Mäander eines abenteurreichen Lebens, um bei solcher Einfachheit anzukommen:

es ist das monster der materie
das sich ständig selbst verschluckt
mit einem gnadenlosen grinsen
spült es deine fragen weg
und sagt dir heimlich
nach millionen jahren

endlich klipp und klar
du bist weit mehr als alles
und noch weniger als nichts

Ich habe Tom de Toys kennengelernt, als ich noch die Zeitschrift Connection Spirit herausgab. Er wurde mir darin bald zu meinem Lieblingsdichter, wie er da schamlos alle Konzepte und die daran klebende Eitelkeit wortspielerisch hinwegfegte, komisch und ernst, schwer und leicht zugleich, und dabei auch noch gesellschaftskritisch:

die ganze zivilisation ist ein einziges verweben und verknoten von geschichten der selbstsuche. wenige nur, die das unendlich offene finden und auch betreten. manche davon landen in der geschlossenen. manche begehen selbstmord, weil sie sich fremd fühlen in einer welt, die nur kampf und verteidigung kennt. manche werden künstler, um den schmerz zu verarbeiten. manche gehen in die natur und schweigen für immer. und manche machen einfach weiter, als wäre nichts geschehen. aber ihr seelenleben ist nun streng geheim. weil niemand ihren schwebezustand versteht.

Ich bin sehr froh, dass Tom sein Seelenleben nicht geheim hält und für immer schweigt. Möge er viele Leser finden, die durch sein Werk gewahr werden, wie nah der Ausweg ist. So nah! Wir sind schon mitten drin.

Wolf Schneider, Jg. 52, ehemals Herausgeber
der Zeitschrift Connection (1985 bis 2015),
Ex-Mönch, Kabarettist, Autor. Seminarleiter.

www.connection.de
www.wolf-sugata-schneider.de

Danke, Wolf, für Deine freundlichen Worte! Wäre mir der verklüngelte Literaturbetrieb nur ein einziges Mal derart wohlgesonnen gewesen wie Du... Ein herzliches Dankeschön geht auch an die LIGA DER LEEREN *(www.urruhe.de)*, deren Manifeste zeitgleich zu meinen Essays über Alan Watts *(www.alanwatts.de)* in der Connection Spirit erschienen, was mir 2015 die Einladung zur LDL-Gastautorenschaft einbrachte...

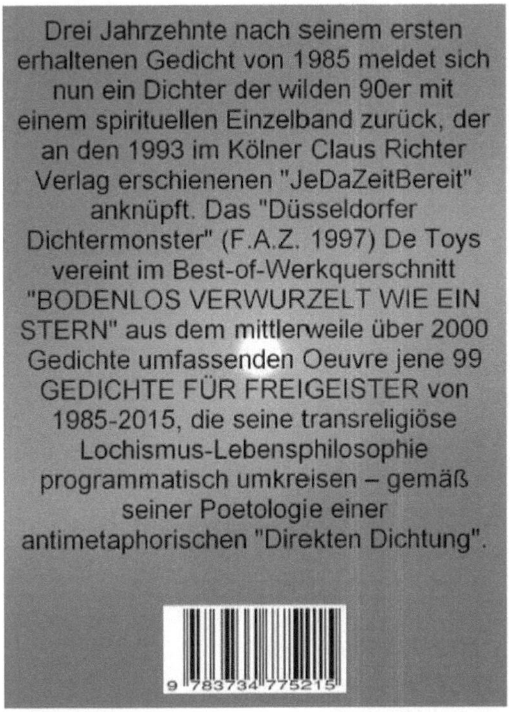

Drei Jahrzehnte nach seinem ersten erhaltenen Gedicht von 1985 meldet sich nun ein Dichter der wilden 90er mit einem spirituellen Einzelband zurück, der an den 1993 im Kölner Claus Richter Verlag erschienenen "JeDaZeitBereit" anknüpft. Das "Düsseldorfer Dichtermonster" (F.A.Z. 1997) De Toys vereint im Best-of-Werkquerschnitt "BODENLOS VERWURZELT WIE EIN STERN" aus dem mittlerweile über 2000 Gedichte umfassenden Oeuvre jene 99 GEDICHTE FÜR FREIGEISTER von 1985-2015, die seine transreligiöse Lochismus-Lebensphilosophie programmatisch umkreisen – gemäß seiner Poetologie einer antimetaphorischen "Direkten Dichtung".

BODENLOS
VERWURZELT
WIE EIN STERN

2. Auflage mit
99 Gedichten
nur 16 Euro !

Neuropoesie
1985 - 2015

Die Unendlichkeit ruht
in ihrer eigenen Leere.

DAS NEUE BUCH! Leseprobe: www.NEUROSMOG.de

GRUNDLOSE

INWESENHEIT